Renate Sültz & Uwe H. Sültz

Tagebuch ~ Notizbuch ~ Notebook

für

AF211196

BOD - BOOKS ON DEMAND

NORDERSTEDT 2016

BIBLIOGRAFISCHE INFORMATION DURCH DIE DEUTSCHE NATIONALBIBLIOTHEK

DIE DEUTSCHE NATIONALBIBLIOTHEK VERZEICHNET DIESE PUBLIKATION IN DER DEUTSCHEN NATIONALBIBLIOGRAFIE; DETAILLIERTE BIBLIOGRAFISCHE DATEN SIND IM INTERNET ÜBER HTTP://DNB.DNB.DE ABRUFBAR.

⬚

HERSTELLUNG UND VERLAG: BOD – BOOKS ON DEMAND, NORDERSTEDT

ISBN 978-3-8391-5321-5

Revier Datum Wildart

Sonstiges/Skizzen/Weg...

Revier Datum Wildart

Sonstiges/Skizzen/Weg...

Revier Datum Wildart

Sonstiges/Skizzen/Weg...

Revier Datum Wildart

Sonstiges/Skizzen/Weg...

Revier Datum Wildart

Sonstiges/Skizzen/Weg...

Revier Datum Wildart

Sonstiges/Skizzen/Weg...

Revier Datum Wildart

Sonstiges/Skizzen/Weg...

Revier Datum Wildart

Sonstiges/Skizzen/Weg...

Revier Datum Wildart

Sonstiges/Skizzen/Weg...

Revier Datum Wildart

Sonstiges/Skizzen/Weg...

Revier Datum Wildart

Sonstiges/Skizzen/Weg...

Revier Datum Wildart

Sonstiges/Skizzen/Weg...

Revier Datum Wildart

Sonstiges/Skizzen/Weg...

Revier Datum Wildart

Sonstiges/Skizzen/Weg...

Revier Datum Wildart

Sonstiges/Skizzen/Weg...

Revier Datum Wildart

Sonstiges/Skizzen/Weg...

Revier Datum Wildart

Sonstiges/Skizzen/Weg...

Revier Datum Wildart

Sonstiges/Skizzen/Weg...

Revier Datum Wildart

Sonstiges/Skizzen/Weg...

Revier Datum Wildart

Sonstiges/Skizzen/Weg...

Revier Datum Wildart

Sonstiges/Skizzen/Weg...

Revier Datum Wildart

Sonstiges/Skizzen/Weg...

Revier Datum Wildart

Sonstiges/Skizzen/Weg...

Revier Datum Wildart

Sonstiges/Skizzen/Weg...

Revier Datum Wildart

Sonstiges/Skizzen/Weg...

Revier Datum Wildart

Sonstiges/Skizzen/Weg...

Revier Datum Wildart

Sonstiges/Skizzen/Weg...

Revier Datum Wildart

Sonstiges/Skizzen/Weg...

Revier Datum Wildart

Sonstiges/Skizzen/Weg...

Revier Datum Wildart

Sonstiges/Skizzen/Weg...

Revier Datum Wildart

Sonstiges/Skizzen/Weg...

Revier Datum Wildart

Sonstiges/Skizzen/Weg...

Revier Datum Wildart

Sonstiges/Skizzen/Weg...

Revier Datum Wildart

Sonstiges/Skizzen/Weg...

Revier Datum Wildart

Sonstiges/Skizzen/Weg...

Revier Datum Wildart

Sonstiges/Skizzen/Weg...

Revier Datum Wildart

Sonstiges/Skizzen/Weg...

Revier Datum Wildart

Sonstiges/Skizzen/Weg...

Revier Datum Wildart

Sonstiges/Skizzen/Weg...

Revier Datum Wildart

Sonstiges/Skizzen/Weg...

Revier Datum Wildart

Sonstiges/Skizzen/Weg...

Revier Datum Wildart

Sonstiges/Skizzen/Weg...

Revier Datum Wildart

Sonstiges/Skizzen/Weg...

Revier Datum Wildart

Sonstiges/Skizzen/Weg...

Revier Datum Wildart

Sonstiges/Skizzen/Weg...

Revier Datum Wildart

Sonstiges/Skizzen/Weg...

Revier Datum Wildart

Sonstiges/Skizzen/Weg...

Revier Datum Wildart

Sonstiges/Skizzen/Weg...

Revier Datum Wildart

Sonstiges/Skizzen/Weg...

Revier Datum Wildart

Sonstiges/Skizzen/Weg...

Revier Datum Wildart

Sonstiges/Skizzen/Weg...

Revier Datum Wildart

Sonstiges/Skizzen/Weg...

Revier Datum Wildart

Sonstiges/Skizzen/Weg...

Revier Datum Wildart

Sonstiges/Skizzen/Weg...

Revier Datum Wildart

Sonstiges/Skizzen/Weg...

Revier Datum Wildart

Sonstiges/Skizzen/Weg...

Revier Datum Wildart

Sonstiges/Skizzen/Weg...

Revier Datum Wildart

Sonstiges/Skizzen/Weg...

Revier Datum Wildart

Sonstiges/Skizzen/Weg...

Revier Datum Wildart

Sonstiges/Skizzen/Weg...

Revier Datum Wildart

Sonstiges/Skizzen/Weg...

Revier Datum Wildart

Sonstiges/Skizzen/Weg...

Revier Datum Wildart

Sonstiges/Skizzen/Weg...

Revier Datum Wildart

Sonstiges/Skizzen/Weg...

Revier Datum Wildart

Sonstiges/Skizzen/Weg...

Revier Datum Wildart

Sonstiges/Skizzen/Weg...

Revier Datum Wildart

Sonstiges/Skizzen/Weg...

Revier Datum Wildart

Sonstiges/Skizzen/Weg...

Revier Datum Wildart

Sonstiges/Skizzen/Weg...

Revier Datum Wildart

Sonstiges/Skizzen/Weg...

Revier Datum Wildart

Sonstiges/Skizzen/Weg...

Revier Datum Wildart

Sonstiges/Skizzen/Weg...

Revier Datum Wildart

Sonstiges/Skizzen/Weg...

Revier Datum Wildart

Sonstiges/Skizzen/Weg...

Revier Datum Wildart

Sonstiges/Skizzen/Weg...

Revier Datum Wildart

Sonstiges/Skizzen/Weg...

Revier Datum Wildart

Sonstiges/Skizzen/Weg...

Revier Datum Wildart

Sonstiges/Skizzen/Weg...

Revier Datum Wildart

Sonstiges/Skizzen/Weg...

Revier Datum Wildart

Sonstiges/Skizzen/Weg...

Revier Datum Wildart

Sonstiges/Skizzen/Weg...

Revier Datum Wildart

Sonstiges/Skizzen/Weg...

Revier Datum Wildart

Sonstiges/Skizzen/Weg...

Revier Datum Wildart

Sonstiges/Skizzen/Weg...

Revier Datum Wildart

Sonstiges/Skizzen/Weg...

Revier Datum Wildart

Sonstiges/Skizzen/Weg...

Revier Datum Wildart

Sonstiges/Skizzen/Weg...

Revier Datum Wildart

Sonstiges/Skizzen/Weg...

Revier Datum Wildart

Sonstiges/Skizzen/Weg...

Revier Datum Wildart

Sonstiges/Skizzen/Weg...

Revier Datum Wildart

Sonstiges/Skizzen/Weg...

Revier Datum Wildart

Sonstiges/Skizzen/Weg...

Revier Datum Wildart

Sonstiges/Skizzen/Weg...

Revier Datum Wildart

Sonstiges/Skizzen/Weg...

Revier Datum Wildart

Sonstiges/Skizzen/Weg...

Revier Datum Wildart

Sonstiges/Skizzen/Weg...

Revier Datum Wildart

Sonstiges/Skizzen/Weg...

Revier Datum Wildart

Sonstiges/Skizzen/Weg...

Revier Datum Wildart

Sonstiges/Skizzen/Weg...

Revier Datum Wildart

Sonstiges/Skizzen/Weg...

Revier Datum Wildart

Sonstiges/Skizzen/Weg...